JN204058

世界の子どもたち

3

ぼくの、わたしの、世界の家族

わたしの家族全員に、とくにニコとエイダンに一M.R.

すばらしい家族と、惜しみなくささえつづけてくれたジェシーに一J.R.G.

First published in English under the title: Families Around the World

Japanese translation rights arranged with Kids Can Press Ltd., Ontario through Tuttle-Mori Agency, Inc., Tokyo

世界の子どもたち 3

ぼくの、わたしの、世界の家族

2018年12月21日　初版第1刷発行

訳者／大西　昧
発行者／西村保彦
発行所／鈴木出版株式会社
〒101-0051　東京都千代田区神田神保町3-5
住友不動産九段下ビル9F
電話／03-6774-8811　FAX／03-6774-8819
振替／00110-0-34090
ホームページ　http://www.suzuki-syuppan.co.jp/
印刷／株式会社ウイル・コーポレーション

ISBN 978-4-7902-3346-6 C8036

Published by Suzuki Publishing Co.,Ltd.
Printed in Japan
NDC380／40p／31.0×23.5cm
乱丁·落丁は送料小社負担でお取り替えいたします

もくじ

ぼくの、わたしの、世界の家族　4
世界地図を見てみよう！　6
ミン チーの家族（カナダ）　8
ライアンの家族（アメリカ合衆国）　10
ハ チェールの家族（メキシコ合衆国）　12
クリスチャーナとアントーニオの家族（ブラジル連邦共和国）　14
ジェーンの家族（英国）　16
サナの家族（オランダ王国）　18
ジャン リュックの家族（フランス共和国）　20
ゾフィアの家族（ポーランド共和国）　22
ギラッドの家族（イスラエル国）　24
ザーラの家族（サウジアラビア王国）　26
ンコイトイの家族（ケニア共和国）　28
ムルタザとザイーブの家族（パキスタン・イスラム共和国）　30
バータルの家族（モンゴル国）　32
ジ ウンの家族（大韓民国）　34
みんな家族！　36
著者からのメッセージ　38
ふりかえってみよう　39
さくいん　40

ぼくの、わたしの、世界の家族

世界の平和のために、何かしたいと願うなら、
家にもどって、家族を愛おしんでください。
――マザー・テレサ

世界には、さまざまな家族のかたちがあります。
なかには、みなさんと同じような家族もあるでしょう。
お父さんとお母さんがひとりずつ、
子どもがひとりという家族もあります。
ひとり親だったり、子どもがたくさんいる家族もあります。
お父さんがふたり、または、お母さんがふたり
という家族もあります。

いっしょにくらしているお父さんやお母さんと、
血がつながっているかどうかも、さまざまです。
家族の人数もさまざまです。
おじいさんやおばあさん、おばさんやおじさん、いとこたちが、
家族としてひとつの家にくらしていることもあります。

家族は、みなさんを愛し、
ささえてくれます。
そして、世界を知る手助けを
してくれます。

何語を話そうと、
イスラム教の『クルアーン』に親しんでいても、キリスト教の聖書に親しんでいても、
仏教のほとけさまに祈っていても、とくに信仰をもっていなくても、
住んでいるところが、一戸建てでも、小屋でも、宮殿でも、
みなさんは、それぞれの家族のかけがえのない一員です。

世界地図を見てみよう！

家族の話をしてくれる子どもたちがくらす国は、
どこにあるのかな？

サナ
オランダ王国
ゾフィア
ポーランド共和国
ギラッド
イスラエル国
バータル
モンゴル国
ジウン
大韓民国
ムルタザと
ザイーブ
パキスタン・イスラム共和国
ザーラ
サウジアラビア王国

わたしはミン チーです。わたしの家族は、中国から、カナダのバンクーバーに移り住みました。

ニー ハオ！
（中国語でのあいさつ）

わたしたち家族は、
飛行機でバンクーバーに着きました。
すごく時間がかかりました。

お兄ちゃんとわたしは、
すぐに英語を覚えなくちゃいけませんでした。
お父さんとお母さんを少しでも助けようって思ったんです。
今は、親戚のみんなとは中国語で話すけれど、
家では英語で冗談をいいあって、
ラザニアを箸で食べています。

友だちには、カナダで生まれた子もいれば、わたしと同じように、
世界のあっちこっちからやってきた子もたくさんいます。
昼ごはんのときには、食べ物をとりかえっこします。
「月餅」というお菓子とニンジンスティックを交換したり、
おにぎりとチョコチップクッキーを
とりかえたりしているんです。

わたしたち家族は、
よく山歩きに出かけます。
ブラックベア（アメリカクロクマ）を
見たことだってあるんですよ！

ぼくはライアンです。ぼくの家族は、
アメリカ合衆国のテキサス州で、
牧場を営んでいます。

ハーイ！
（英語でのあいさつ）

ぼくは、ときどき、
父さんといっしょにトラクターに乗って、牧場の見回りをします。
乳牛や、テキサスロングホーンっていう牛を、
何百頭も飼っています。

ヒツジも1頭います。
ランバートって名前です。
えさやりやブラッシングは、
妹のレイチェルによく手伝ってもらいますが、
ランバートはぼくのヒツジです。
ぼくは、秋祭りのヒツジのコンテストに
ランバートを出場させようと思っています。
賞がとれるといいなあ。

農場もあって、トウモロコシにビーツ、
ジャガイモにいろんなマメも育てています。
草取りの手伝いもするけれど、収穫したものを、
きれいにたいらげるのも、
ばっちり手伝っています。

ぼくの家族は、
長期旅行には出かけません。
牧場の仕事がすごくたくさんあるからです。
でも、毎晩、家族みんなで夕ごはんをかこんでいると、
ここよりもいたい場所なんて、
世界じゅうのどこにもないって思うんです。

わたしはハ チェールです。
わたしの家族は、メキシコ合衆国の
マヤ人の村でくらしています。

バーシュ カ ワーリーク？
（マヤ語でのあいさつ）

朝だよ、朝！ と、オンドリがさけぶと、
わたしは、ハンモックからころがりでます。
父さんは、まだいびきをかいているけれど、
母さんは、もう起きています。

母さんが朝ごはんにトルティーヤを作っている間に、
わたしは、卵を集めて回ります。
わたしは、「ウイピル」という伝統的な服を着て、
弟 のカルロスが学校に行くしたくの手伝いをします。
ハ ムリシはまだ赤ちゃんなので学校には通っていません。

わたしたちは、
家ではマヤの言葉で話しますが、
学校では、スペイン語を習っています。
好きな教科は、歴史。
マヤ文明の遺跡にまつわる話を
聞くたびに思うんです。
マヤの民がくらしてきたのは、
ジャングルにかこまれた、
まさにこの場所なんだ！ と。

学校が終わると、土ぼこりの立つ道を、
弟と手をつないで歩いて帰ります。
とちゅうまで、友だちやいとこも
いっしょです。

わたしはクリスチャーナです。お兄ちゃんはアントーニオといいます。わたしたちの家族は、ブラジル連邦共和国、リオデジャネイロのそばにある村でくらしています。

ベレーザ？
（ポルトガル・ブラジル語でのあいさつ）

日曜日、お母さんは「ファロファ（バターやスパイスなどでいためたキャッサバの粉）」を作り、
お父さんは肉を焼き、わたしとアントーニオは、
大なべで煮ているマメを、交代でかきまぜるのに大いそがし。
夕ごはんに、家族が全員集まるんです！

おじいちゃんとおばあちゃんが来ました！
わたしたちは、「マラクーヤ
（パッションフルーツのジュース）」を
飲みながら、ふたりがしてくれるお話に
じっと聞き入ります。

いとこが来ました。
わたしたちにキスをしたがるおばさんには
悪いんだけれど、いとこのところに飛んでいって、
鬼ごっこをしたり、つたのブランコで遊びます。
日曜日用のよそゆきを着ていたって、
やっぱりポーチの下に入りこんだりしちゃいます。

おじさんの歌が聞こえてきたら、
夕ごはんの用意ができた合図です。
わたしは、お腹がいっぱいで
苦しくなるまで食べます。
それから、笑って、おしゃべりして、
星といっしょに
みんなでダンスします。

わたしはジェーンです。
わたしの家族は、
英国(イギリス)の小さな村で
くらしています。

ハロー！
(英語でのあいさつ)

うちは、ママもパパも仕事をしています。
ふたりとも仕事の日は、
おばさんがわたしと弟のエマニュエルの
めんどうを見てくれます。
わたしたちは、公園へ行って遊び、
エマニュエルはベビーカーのなかで
お昼寝をします。

午後、サンドイッチを食べてから、
バスに乗って町へ出かけます。
わたしは、バレエのレッスンを受けているんです。

ママとパパが仕事から帰ってくると、いっしょにパズルをします。
パパはエマニュエルと、積み木で遊んであげます。
ときどきだけど、ナイジェリアに住んでいるおばあちゃんと、
インターネットでおしゃべりすることもあります。
学校で習った歌を、聞かせてあげるんです。

寝る前、おふろに入ります。泡のおふろです。
ママは、わたしたちが眠るまで、
聖書のお話を読んでくれます。

わたしはサナです。
わたしの家族は、オランダ王国の首都、
アムステルダムの郊外でくらしています。

ホーイ！
（オランダ語でのあいさつ）

わたしは、週末が大好きです。
なんといっても、学校がお休みだから！
お母さんふたりと、弟のジョリスを連れて、
路面電車に乗って町に出かけます。
美術館に行ったり、運河クルーズをしながら、
オランダ語で「パンネクック」っていう
パンケーキを食べたりするんです。

お母さんの自転車に乗って、ふれあい動物園とか、
遊具がいろいろある広場とかまで行って遊んだり、
ほかの村まで行ったりもします。

家族で、風車を見に行ったこともあります。
どんな仕組みになっているのか、なかに入ってみたんです。
木でできた歯車が、粉をひきながら立てる、
カタン、コトン、キー、キーという音を、
ずっと聞いていたいと思いました。

日曜日は、自転車に乗って、
おばあちゃんがくらしている老人ホームに行きます。
おばあちゃんは、もうわたしの名前も思い出せません。
でも、むかしから使っている缶から、
クッキーをとりだして、わたしにくれます。
わたしがおばあちゃんにいろんな話をすると、
おばあちゃんはにこにこ笑います。

ぼくはジャン リュックです。ぼくの家族は、フランス共和国の首都、パリでくらしています。

ボンジュール！
(フランス語でのあいさつ)

ぼくは、日中のほとんどは学校にいます。
先生は厳しいけれど、ぼくは好きです。

学校が終わると、おじいちゃんがむかえに来てくれて、
石畳の小道をいっしょに帰ります。
とちゅうには、パン屋さんとチーズのお店があって、
チーズのお店は、マッシュルームみたいなにおいがします。

ぼくとおじいちゃんは、
焼き栗を買い、公園に行って食べます。
ぼくは友だちとサッカーなどをして遊びます。
おじいちゃんもいっしょになって遊びます。

仕事を終えたパパが、おじいちゃんの家に着くと、
3人でいっしょに夕ごはんです。
大きな木のテーブルのまわりにすわって、
きょう一日のことを話します。
それから、ぼくとパパは、
地下鉄に乗って家に帰ります。

わたしはゾフィアです。
わたしの家族は、ポーランド共和国の
小さな町でくらしています。

ジェンドーブレ！
（ポーランド語でのあいさつ）

1週間でいちばん好きなのは、日曜日。
わたしたちは、家族そろって
教会へ行きます。
お店はみんな閉まっていて、
町はしずかで、教会の鐘の音だけが
屋根の上に広がっていきます。

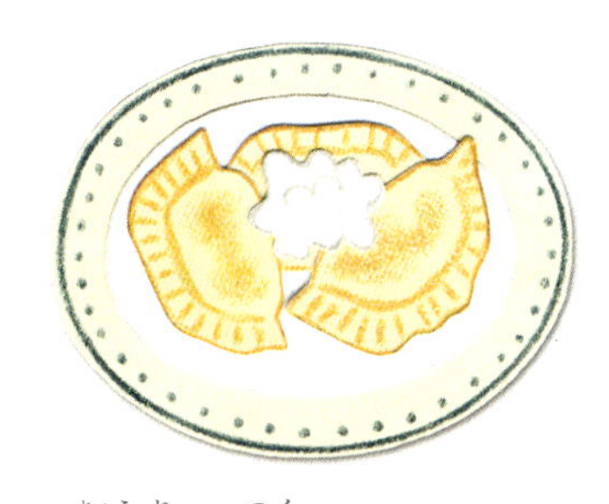

教会から帰ると、ビーツなどの野菜のスープが、
コンロの上でクツクツいい、家じゅうに
おいしそうなにおいが広がります。
「ピエロギ」という、餃子のようなポーランドの料理も作ります。
わたしもお手伝いをして、まるく切りぬいたもちもちの生地に、
母さんがジャガイモやチーズをつめていきます。
わたしの大好物なんです。

食事のあと、わたしたちは
家族で森を散歩します。
きれいな落葉を拾ったり、
キノコを集めたり。
寒さで鼻の頭が赤くなります。

夜は、父さんはクラシック音楽を聞き、
母さんは暖かそうなセーターを編んですごします。
わたしはヴィクトル兄さんといっしょに、
もう寝なさいっていわれるまで、ゲームをして遊びます。

ぼくはギラッドです。ぼくの家族は、イスラエル国の共同村、「キブツ」でくらしています。

シャローム！
（ヘブライ語でのあいさつ）

「キブツ」というのは、みんなが力を合わせて作っていく、村のような集団のことです。それぞれの家族には、自分の家がありますが、食事のときは、「キブツ」の人たち全員が大きな食堂に集まっていただきます。

放課後、ぼくは友だちといっしょに「キブツ」のあちこちを歩き、
歌ったり、おもしろい話をして笑ったりしてすごします。
オレンジの皮にココナッツをつけて食べたり、鬼ごっこもします。

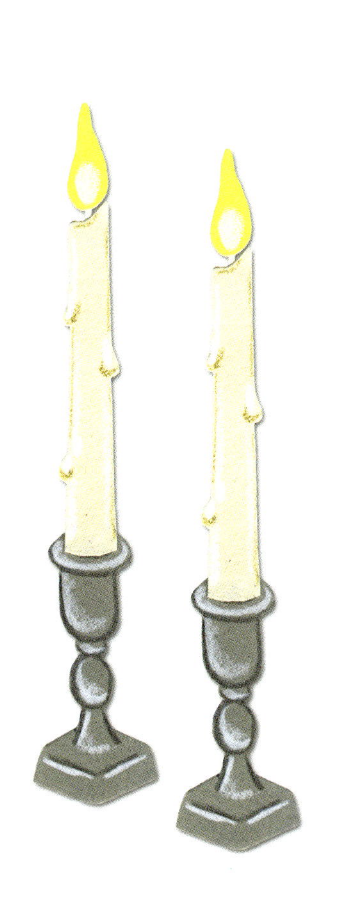

毎週金曜の夜は、
「シャバット（安息日）」のはじまりです。
ぼくたちは、日没前にみんな集まって、
ロウソクに火をともし、歌を歌います。

「キブツ」がひとつの家族みたいで、
いっそう安らかな気持ちになります。

わたしはザーラです。わたしの家族は、サウジアラビア王国の、古くからある町でくらしています。

アッサラームアライクム！
（アラビア語でのあいさつ）

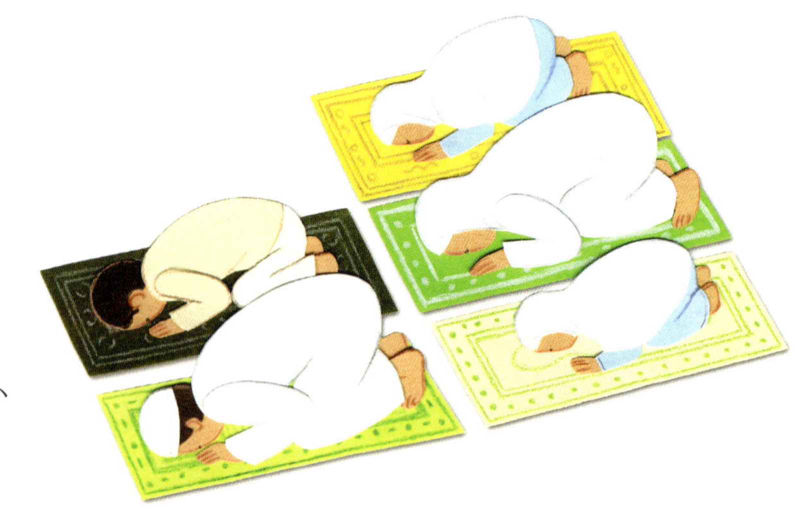

わたしたち家族は、日がのぼる前に起きて、
真新しい一日を、お祈りではじめます。
学校に行くときは、お母さんが、
いってらっしゃい、しっかり勉強するのよと、
キスをして送り出してくれます。
急がなくちゃいけません。
学校は、6時30分にはじまるんです。

学校の授業は、パソコンの時間や
『クルアーン』の聖句を覚える時間があって、楽しいです。
わたしが好きなのは、外国のお話を読むことです。
でも、宿題は好きじゃありません！

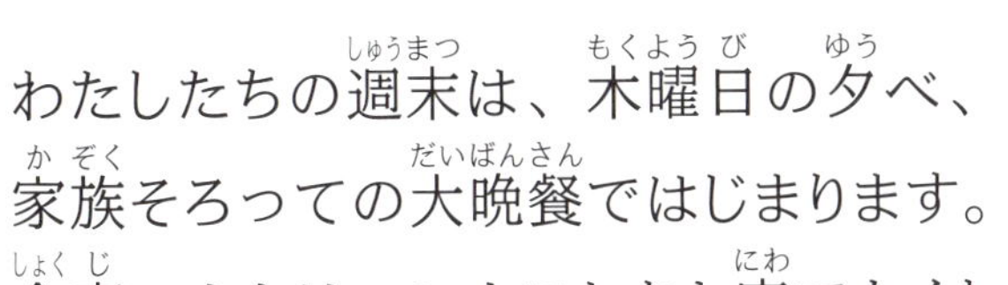

わたしたちの週末は、木曜日の夕べ、
家族そろっての大晩餐ではじまります。
食事のあとは、いとこたちと庭でかくれんぼをしたり、
サッカーをして遊びます。

日が沈むときにも、わたしたちはまたお祈りをします。
わたしたちイスラム教徒は、一日に5回お祈りをするんです。
夜寝るときは、いつの日か世界旅行をすることを
夢見ながら、眠ります。

ぼくはンコイトイです。ぼくの家族は、ケニア共和国のマサイ族の村でくらしています。

ソパ！
（マサイ語でのあいさつ）

ぼくは太陽よりも早起きします。
オンドリが鳴いて
起こしてくれるんです。
起きたら、音を立てないようにつま先歩きで、
お茶をいれる水をくみに外へ出ます。
太陽が顔を出したら、たきぎを集めに出かけます。
たきぎがあれば、お昼ごはんに
穀物の粉をお湯で練って作った、
「ウガリ」を食べられます。

ぼくの家には、ヤギの家族もいます。
ヤギの世話はぼくの仕事。
水をボウルに移していると、子ヤギたちが、
よろこんではねまわりながら集まってきて、
ボウルに頭をつっこみます。

ぼくらは、おばさんから、読み方や計算のしかたを習います。
その間、お母さんはかごを編みます。

夜は、長老さまたちからいろいろな話を聞きます。
ものごとは、時代とともに変わっていくものだと、
長老さまたちはいいます。
でも、何もかもが変わってほしくはありません。
むかしからのまま、受けつぎたいものが、ぼくにはあります。

ぼくはムルタザです。お姉ちゃんはザイーブといいます。ぼくたちの家族は、パキスタン・イスラム共和国のラホールでくらしています。

アッサラーム アライクム！
（ウルドゥー語でのあいさつ）

ぼくたちが学校に遅れないよう、
お母さんは毎朝早くに起こしてくれます。

学校が終わると、お父さんがむかえに来てくれます。
きょうは、まっすぐ家に向かわず、
こみあった道をどんどん進んでいきました。
どこに行くんだろう。サッカーの試合を見に行くのかな？
博物館かもしれない、とぼくは思いました。

でも、そのどちらでもありませんでした。
お父さんが生まれ育った村まで行ったんです。
お父さんは、子どものころにくらしていたところや、
通った学校を案内してくれました。
お父さんがぼくくらいの年のときに、
おじいちゃんが植えたバラの木もありました。

家にもどると、ぼくたち家族のことについて、
みんなでいっぱい話をしました。
それから、『クルアーン』をいっしょに読み、
お父さんとお母さんは、ぼくらを寝かしつけてくれました。
「インシャッラー（アッラーの御心のままに）」
あしたという日が、新しい冒険を運んでくれるといいなあ。

ぼくはバータルです。ぼくの家族は、モンゴル国のゴビ砂漠を移動してくらす遊牧民です。

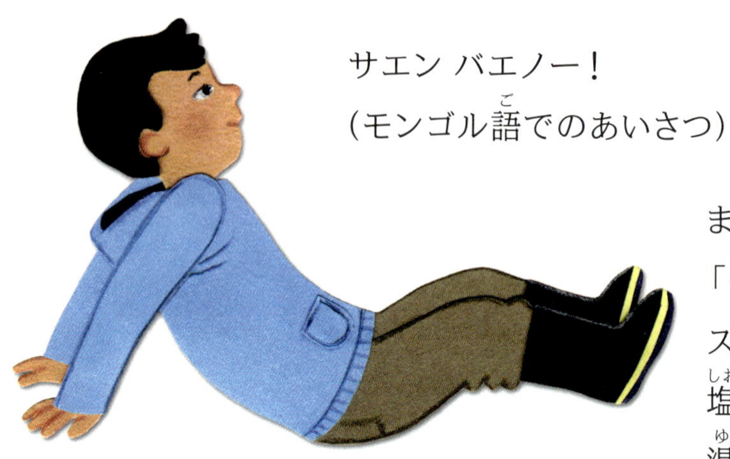

サエン バエノー！
（モンゴル語でのあいさつ）

まるいかたちをしたテントのようなぼくたちの家は、「ゲル」といいます。
ストーブの上では、いつでも、マトンスープと、塩のきいたモンゴル式ミルクティーを作るお湯が湯気を立てています。

ぼくは、いっぱい仕事をします。
ストーブの燃料にするラクダのフンを集め、
子ヤギにえさをやります。
仕事がすんだら、馬に乗ります。
かけていると、モンゴルの英雄、
チンギス・ハンになったように感じます。

夏が終わると、ぼくらは
住むところを移動します。
ぼくらの家、「ゲル」は折りたたむことが
できるんです。
持ち物ぜんぶをラクダに積みこみ、
冬をすごす場所へと、
砂漠をわたります。

父さんがひく馬頭琴に合わせて、
母さんが、「ホーミー」といって、
喉から笛のように声を出して歌を歌います。
ぼくらはじっと耳をすませます。
どこにいても、ぼくらの家は暖かく、
いちばんほっとする場所なんです。

わたしはジ ウンです。わたしの家族は、大韓民国の首都、ソウルでくらしています。

アンニョンハセヨ！
（韓国語でのあいさつ）

朝ごはんは、いろんなおかゆです。
食べたら、お母さんとお父さんは
大急ぎで仕事に出かけていきます。
わたしを学校まで送ってくれるのは、おばあちゃんです。
教室に着いたら、まず先生にお辞儀をします。
そして、すぐに席につきます。

学校が終わると、学習塾に行って勉強します。
習ったことが身についているか、テストもあります。
塾だけじゃなくて、わたしは、
ピアノのレッスンにも通っているんです。

あたりが暗くなるころ、おばあちゃんがむかえに来てくれて、
ショッピング・センターで、お父さん、お母さんと落ち合います。
きょうは夕ごはんに、
韓国ののり巻き「キンパ」と大豆の煮物を食べ、
わたしは新しい「ハンボ」を買ってもらいました。
「ハンボ」というのは、韓国の伝統的な衣装のことです。

家に着くと、わたしはさっそく「ハンボ」を着てみました。
踊ってみせたら、テレビに出るダンサーよりじょうずよ、って、
おばあちゃんが手をたたいてほめてくれました！

みんな家族！

家族は、かたちも人数も
ほんとうにさまざまですね。
みなさんの家族はどうですか？

パキスタンのムルタザくんの家族のように、
三世代いっしょにくらしていますか？

カナダのミン チーさんのように、
ほかの国から移住してきましたか？
おじいさんおばあさんが、
ふだんみなさんが話すのとは
ちがう言葉を使っていたりしますか？

オランダのサナさんのように、
お母さんがふたりいたりしますか？
フランスのジャン リュックくんのように、
ひとり親ですか？

特別な日に集まる、おじさんやおばさん、
いとこなど親戚がたくさんいますか？

お城に住んでいても、
草ぶき屋根の家に住んでいても、
世界のどこに住んでいても、
夢や希望がある。
それはどの家族も同じです。

著者からのメッセージ

この本に出てきた家族は、どれもみな実在する家族で、本を作っている過程で、友だちになった家族も少なくありません。
話していて、はっきりわかったことがあります。それは、くらしている場所がちがっても、家族を愛する思い、願いや希望はみな同じだということです。
この世界は、自分たちとはちがう習慣や文化であふれています。この本によって、いくらかでもそれを知り、理解することが、同じ思いをもってくらすほかの家族と、たがいに尊重し合いながら共に生きることにつながっていくことを願っています。

世界地図で確認してみよう

地球儀や地図帳を使い、まずみなさんが住んでいる場所を確認しましょう。つぎにこの本に登場した子どもたちが住んでいる国や地域を確認してみましょう。カナダからはじまり、西から東へと順番に紹介しています。地球儀を回して、世界一周旅行をしてみましょう。

共通点を見つけよう

この本に出てくる家族には、さまざまなちがいがありますが、共通していることもいろいろあります。特徴と共通点に注意しながら、もう一度読んでみましょう。
家の仕事を手伝っている子どもたちをあげてみましょう。それぞれ、どんな仕事をしていましたか。
サッカーをすると話している子どもたちをあげてみましょう。みなさんが好きなスポーツについても話し合ってみましょう。
それぞれの家族がくらす家は、どんな家だったでしょう。どんな特徴がありましたか。
好きな食べ物について紹介してくれた子どもたちもいましたね。だれが、どんな食べ物が好きだと話していましたか。食べたことのある料理はありますか。みなさん自身が好きな食べ物についても、発表してみましょう。

パスポートを作ろう

パスポートを作ってみましょう。ポケットにおさまるように、紙を折っていき、パスポートらしく見えるように、表紙を書きましょう。新しく知った国は、入国スタンプを作って押し、日付けを書きましょう。スタンプは、イモ版でもできます。

1. 白い紙を用意する

2. 半分に折る

3. 反対側に半分に折る

4. もう一方も、半分に折る

5. 紙を開いて、向きを変えて半分に折る

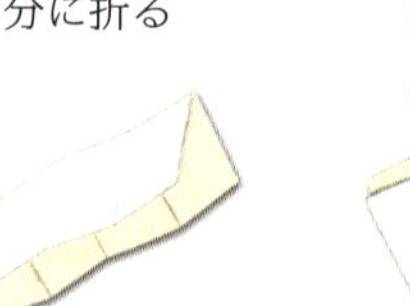

6. 紙を開いて、半分に折り、図の赤線のところを切る

7. 紙を開いて向きを変えて半分に折り、切ったところを開く

8. 折り目をつける

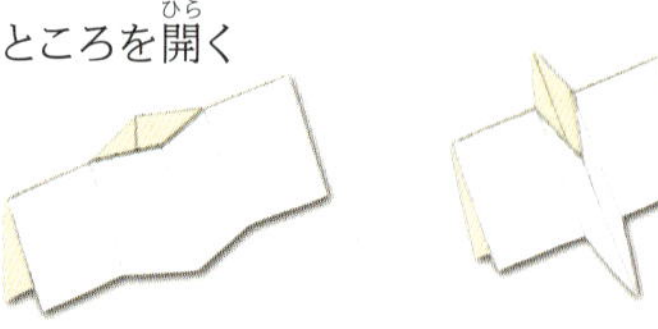

9. ノートのようになったら、表紙を書く

ふりかえってみよう

カナダの
ミン チーさんの家族は、
よくどこに出かけますか？

アメリカ合衆国の
ライアンくんの家族は、
何を営んでいますか？

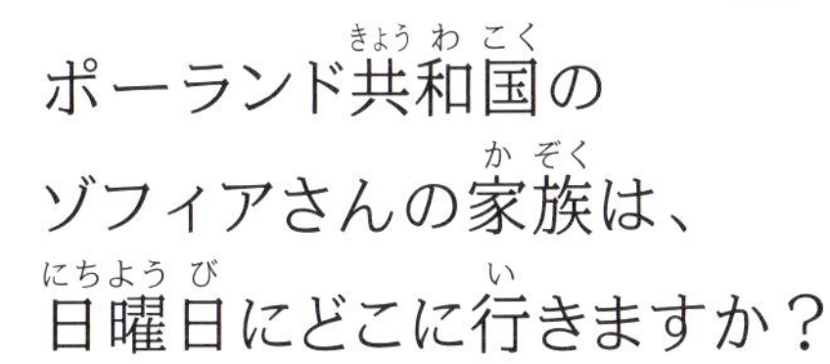

ポーランド共和国の
ゾフィアさんの家族は、
日曜日にどこに行きますか？

イスラエル国のギラッドくんの家族は、
どこでくらしていますか？

ブラジル連邦共和国の
クリスチャーナさんの家族は、
日曜日の夕食後、何をしますか？

モンゴル国のバータルくんの家族は、
夏が終わると何をしますか？

さくいん

アメリカ合衆国 6,10,39
アントーニオ 6,14
家 4,8,12,21,23,24,29,30,31,32,33,35,37,38
イギリス 16
移住 36
イスラエル国 7,24,39
いとこ 4,13,15,27,37
インターネット 17
歌 15,17,25,33
英国 6,16
お祈り 26,27
おじいさん 4,36
おじいちゃん 15,20,21,31
おじさん 4,15,37
鬼ごっこ 15,25
おばあさん 4,36
おばあちゃん 15,17,19,34,35
おばさん 4,15,16,29,37
オランダ王国 7,18,37
学校 12,13,17,18,20,26,30,31,34
カナダ 6,8,36,38,39
韓国 34
キブツ 24,25
教会 22,23
ギラッド 7,24,39
クリスチャーナ 6,14,39
『クルアーン』 5,26,31
ケニア共和国 6,28
公園 16,20
言葉 12,36
ザーラ 7,26
ザイーブ 7,30
サウジアラビア王国 7,26
サッカー 20,27,30,38
サナ 7,18,37
三世代 36
散歩 23
ジ ウン 7,34
ジェーン 6,16
仕事 11,16,17,21,29,33,34,38
ジャン リュック 6,20,37
収穫 11
親戚 8,37
聖書 5,17
先生 20,34
ゾフィア 7,22,39
大韓民国 7,34
ダンス 15
中国 8
長老 29
手伝い 11,12,23
伝統的 12,34
友だち 8,13,20,25,38
日曜日 14,15,19,22,39
農場 11
バータル 7,32,39
パキスタン・イスラム共和国 7,30,36
パスポート 38
パソコン 26
ハ チェール 6,12
ブラジル連邦共和国 6,14,39
フランス共和国 6,20,37
放課後 25
ポーランド共和国 7,22,23,39
牧場 10,11
マサイ 28
町 16,18,22,26
マヤ 12
ミン チー 6,8,36,39
むかえ 20,30,34
村 12,14,16,18,24,28,31
ムルタザ 7,30,36
メキシコ合衆国 6,12
モンゴル国 7,32,33,39
山歩き 9
遊牧民 32
夢 27,37
ライアン 6,10,39
旅行 11,27,38
老人ホーム 19
ンコイトイ 6,28

マーグリート・ルアーズ　Margriet Ruurs

児童文学作家。教育者。カナダのサイモン・フレーザー大学で教育学修士号を取得。著書は35冊以上にのぼる。カナダ、ブリティッシュ・コロンビア州のソルト・スプリング島で、「Between The Covers（次の本までの間）」という、本を愛する人たちのための宿泊施設を運営している。邦訳されている作品に『石たちの声がきこえる』（新日本出版社）などがある。

ジェシカ・レイ・ゴードン　Jessica Rae Gordon

カナダ、ブリティッシュ・コロンビア州の絵のように美しい芸術の町、ネルソンで育つ。子どものころからのアートへの情熱そのままに、現在、イラストレーター、デザイナー、視覚芸術の教師として活躍している。カナダ、オンタリオ州のトロント在住。

大西　昧（おおにし まい）

愛媛県生まれ。翻訳家。東京外国語大学卒業。出版社で長年児童書の編集に携わった後、翻訳家に。翻訳作品に『ぼくはO・C・ダニエル』（鈴木出版）がある。

日本語版デザイン・DTP／坂上　大

※外国語の発音をカタカナで正確に表記することはできません。
できるだけ近い音になるように表記しました。